Guía para aprender a dibujar de forma inteligente.

Libro para dibujar de animales dedicado a niños que quieren aprender habilidades y desarrollar la capacidad del dibujo.

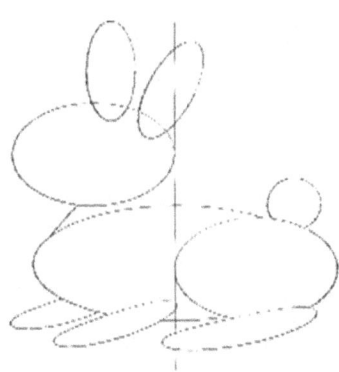

Autor : Eneko Montes

Copyright © 2020
Nombre del autor : Eneko Montes
Todos los derechos reservados.
ISBN:

Aviso de legalidad

No puede modificar, distribuir ,vender ,usar o parafrasear ninguna parte del contenido del libro sin el consentimiento del autor.

Descargo de responsabilidad

La información contenida es solo con fines educativos. No se dan garantías de ningún tipo ya sean implícitas o expresas.

Dedicatoria:

Para mi hermana Estrella que ha dedicado toda su vida a la enseñanza de niñas y niños.

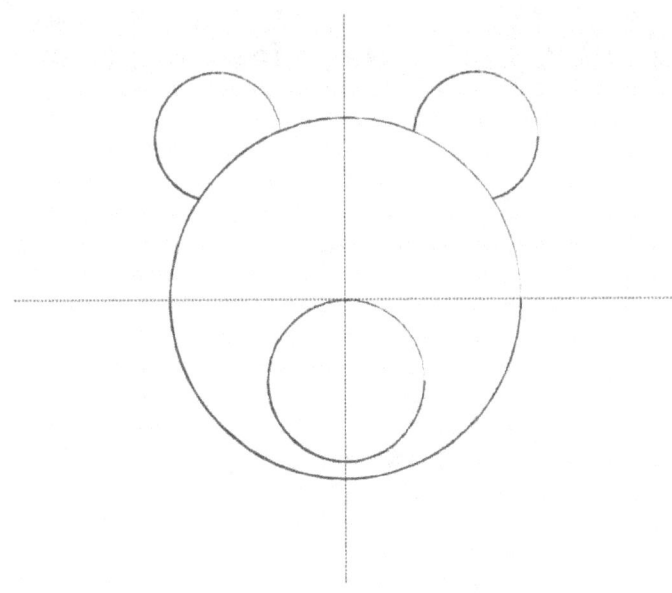

Índice del contenido

Introducción .... 6 - 9

NIVEL I .... 10 - 25
    Hagamos caritas de animales.

NIVEL I .... 26 - 39
    Como dibujar caras y cuerpos de animales.

NIVEL II .... 40 - 57
    Dibuja animales paso a paso.

NIVEL III .... 58 - 78
    Continua dibujando , unos fáciles otros no.

Conclusiones 79

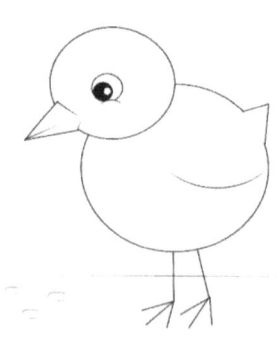

INTRODUCCION.

Guía para aprender a dibujar de forma inteligente.

Si estas interesado en que tu peque aprenda a dibujar este es el libro adecuado, en el mismo, ofrecemos un método fácil e inteligente de aprender a dibujar utilizando animales, en el que te darás cuenta de su progreso de manera muy rápida y cómoda. Con el procedimiento que ofrecemos en esta obra podrá reproducir de manera guiada siguiendo los pasos indicados a través de los trazos principales paso a paso y que posteriormente podrá combinar todos a la vez para formar el dibujo, utilizando también su creatividad sin mucho esfuerzo.

Con nuestro método inteligente basado en la escala de complejidad usando técnicas como la del circulismo, de forma ordenada en el que podrá formar rostros, también usará líneas que en ocasiones cruzará o le dará giros en el que formara figuras geométricas que le permitirá habilidades que a nivel de la motricidad fina le desarrollara sus pequeños músculos de la mano y los dedos guiados por su cerebro en desarrollo y ávido de almacenar habilidades que nunca olvidara.

Como hemos explicado, en nuestro libro hemos estructurado 3 niveles de enseñanza, en los que al inicio dibujando caritas y rostros de animales conocidos que irán aumentado de complejidad, en la medida que se van incorporando nuevas técnicas para aprender a dibujar, desarrollando esta estrategia aseguramos que la niña o niño puede educarse para desarrollar habilidades manuales, aptitudes de razonamiento, imaginación, atención, observación, concentración, agilidad visual y motricidad fina que sin lugar a dudas contribuirán al desarrollo de su inteligencia.

Aquí le ofrecemos algunas recomendaciones para cuando empiece a dibujar:

- Inicia desde un plano espacial que le brindamos en forma de cuadrantes usando líneas suaves pero firmes para conseguir reproducir el dibujo con la guía que le mostramos que se repetirá en todos los niveles.
- Si no te sale bien, no importa, por eso le recomendamos un borrador para que lo intente otra vez, la idea es que disfrute haciéndolo y perciba como es capaz de hacerlo.

- Le recomendamos usar lápices duros o medios con grafito tipo 2H, H, F o HB útiles para trazos finos ideales para dibujo lineal y bocetos.

- Un borrador de plástico que son los más comunes, y evitar el borrador de lapicero porque estos deterioran las hojas, o también puedes elegir un borrador moldeable, que puede ser muy útil si quieres un mejor acabado.

- Sacapuntas que ayudara a tener una punta más estilizada para tener mejores trazos y líneas.

El éxito de nuestro método.

Sin duda alguna saber dibujar tiene trucos y habilidades que si no los conoces no podrás desarrollar esta capacidad, es por eso ponemos en tus manos esta herramienta en forma de libro en la que, de forma amena, desarrolla valores como la perseverancia y la práctica que terminaran por desarrollar su creatividad y por supuesto su nivel de inteligencia.

El secreto de los grandes artistas es la observación, en ella está el éxito de sus dibujos, aquí con los variados ejercicios que damos desarrollaras esta aptitud

La idea de no colorear en nuestro libro se basa en la estrategia de que el ojo con el lápiz siga las líneas que tiene el dibujo y este sea más realista.

¡Aprender a dibujar de manera inteligente!

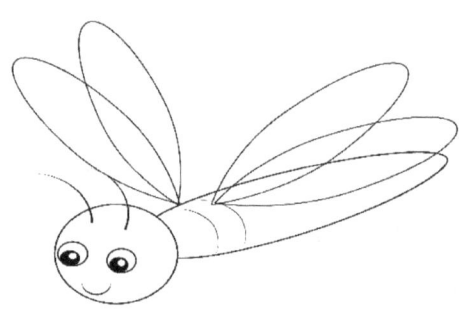

NIVEL I

HAGAMOS CARITAS DE ANIMALES

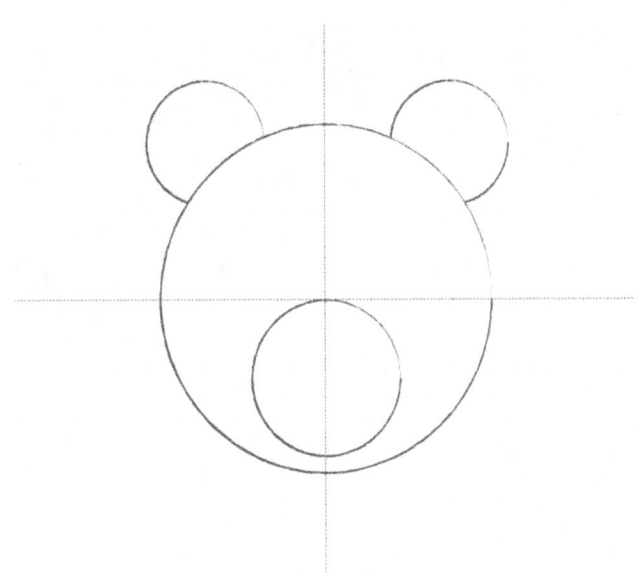

Así dibujamos la cara de un Osito

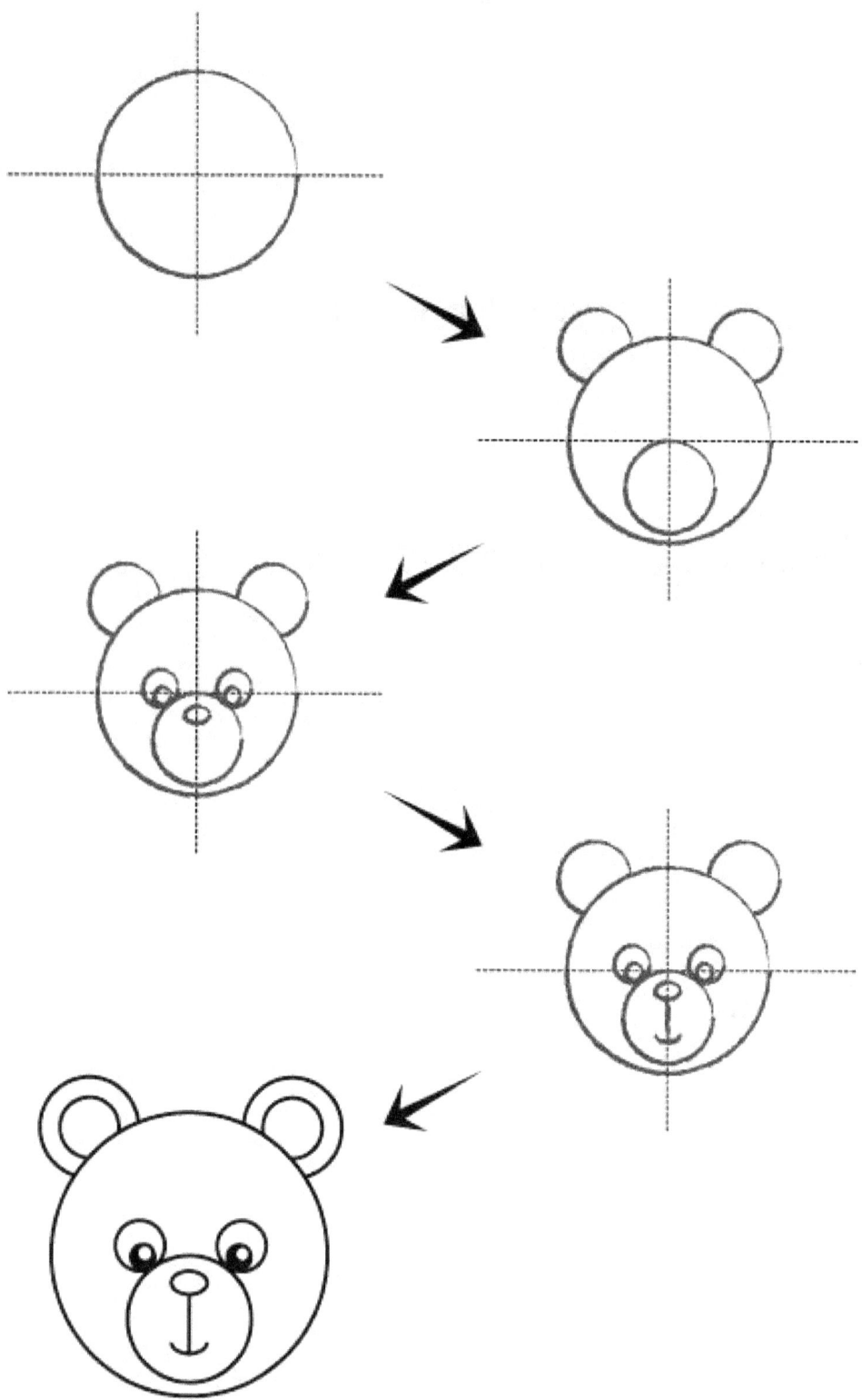

Ahora puedes hacerlo tu

Como dibujar la cara de un Monito

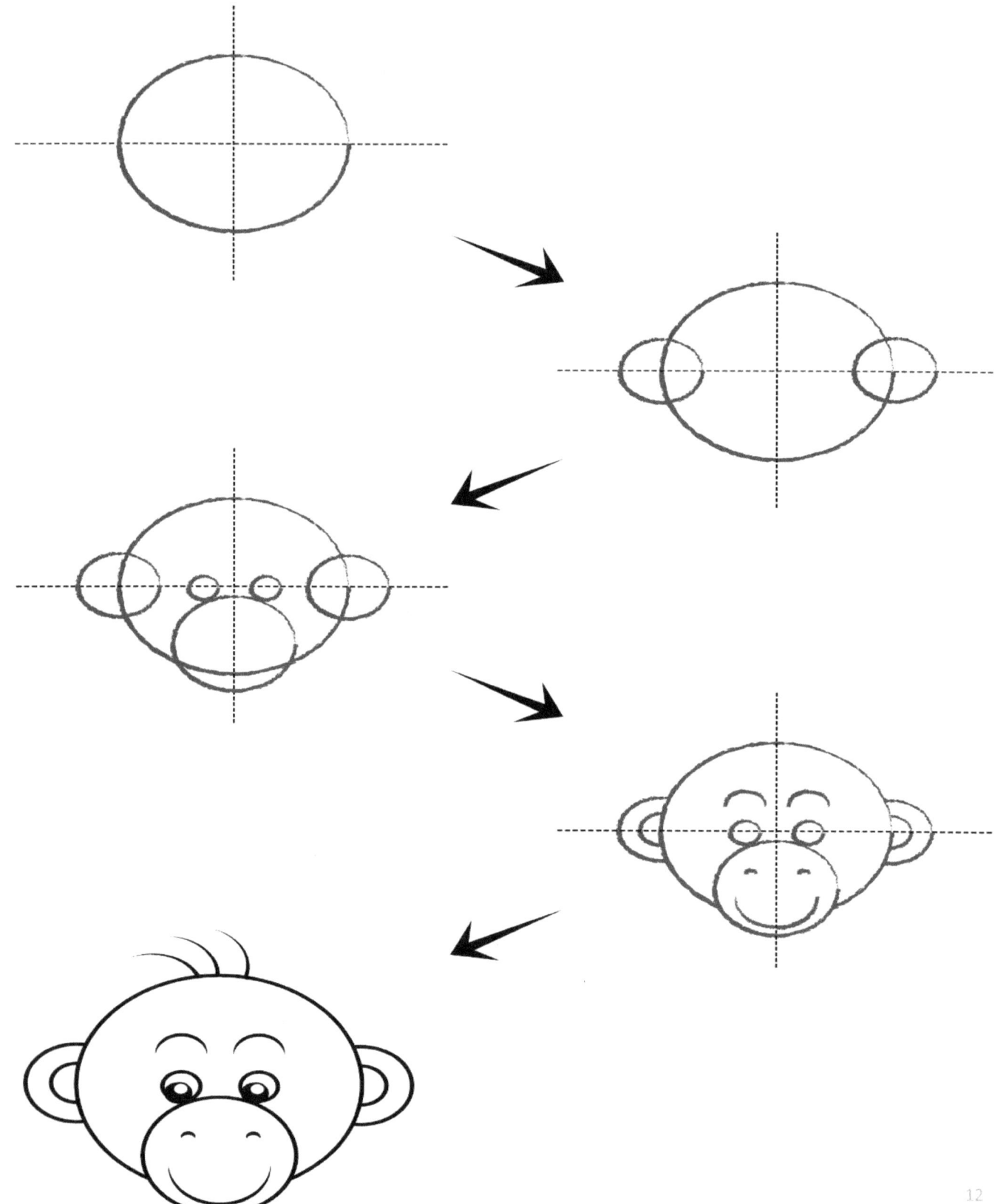

Ahora puedes hacerlo tu

Así es la cara de un Hipopótamo

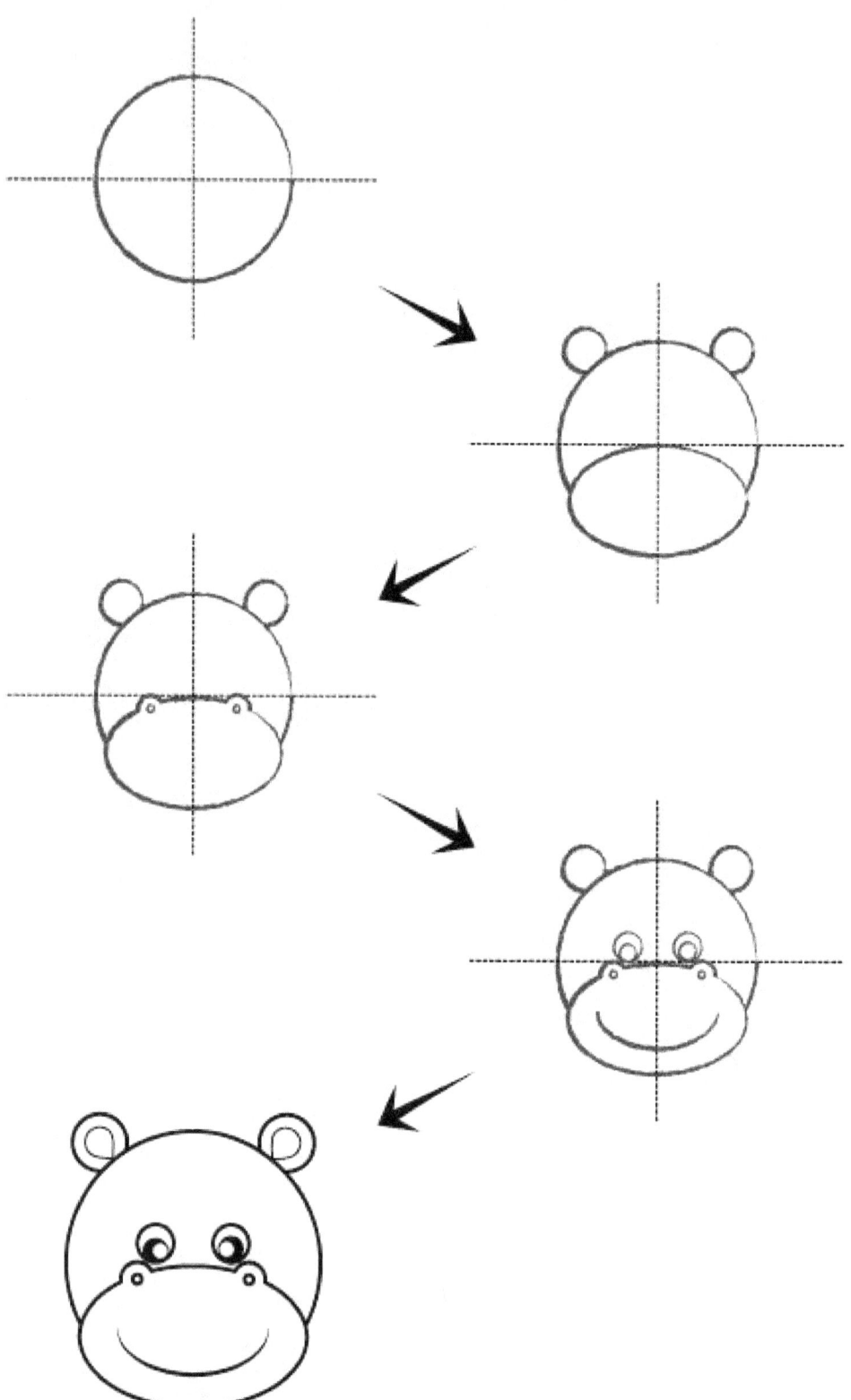

Inténtalo tu ahora

Así es la carita de una Leona

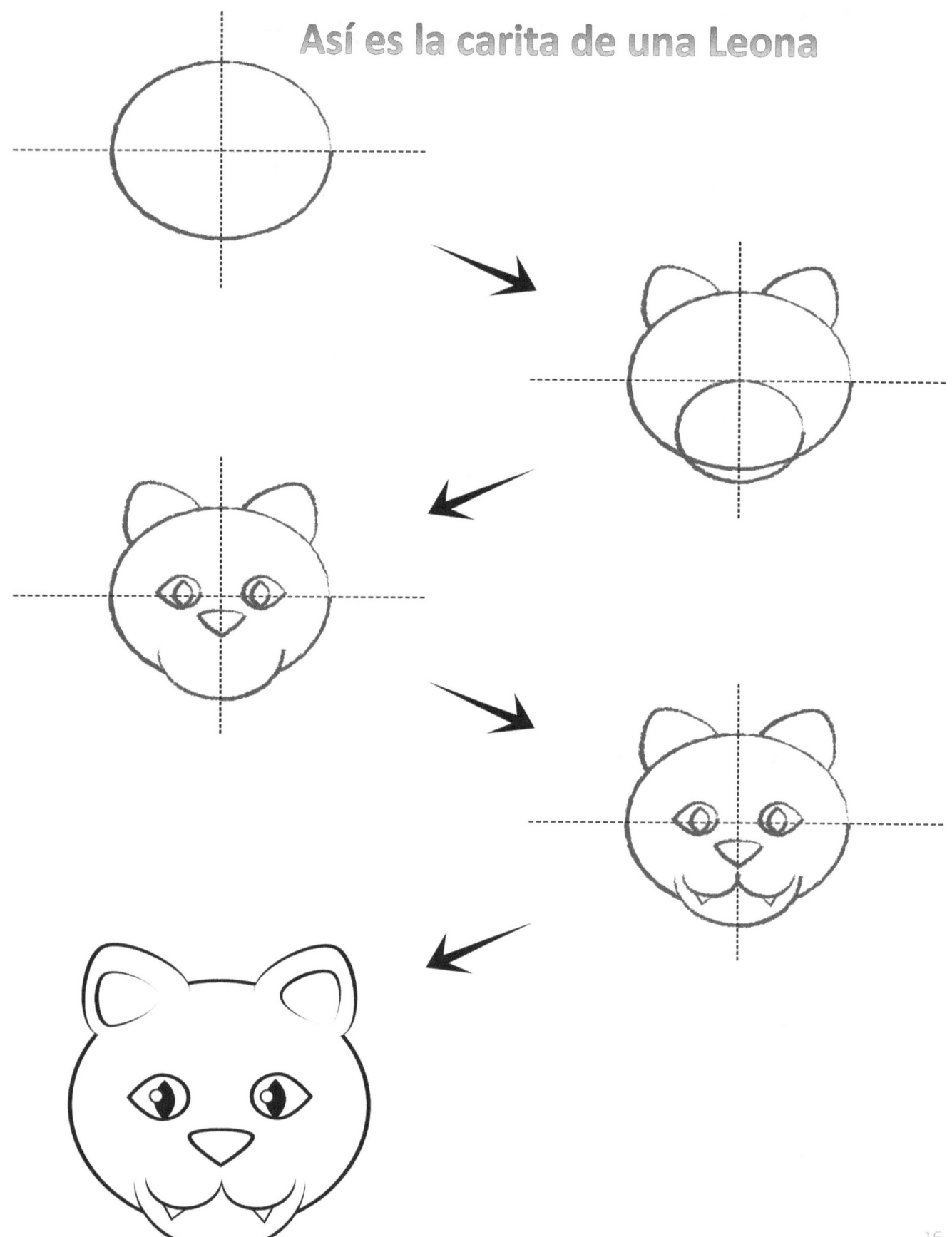

Ahora dibuja tu

Y ahora el León

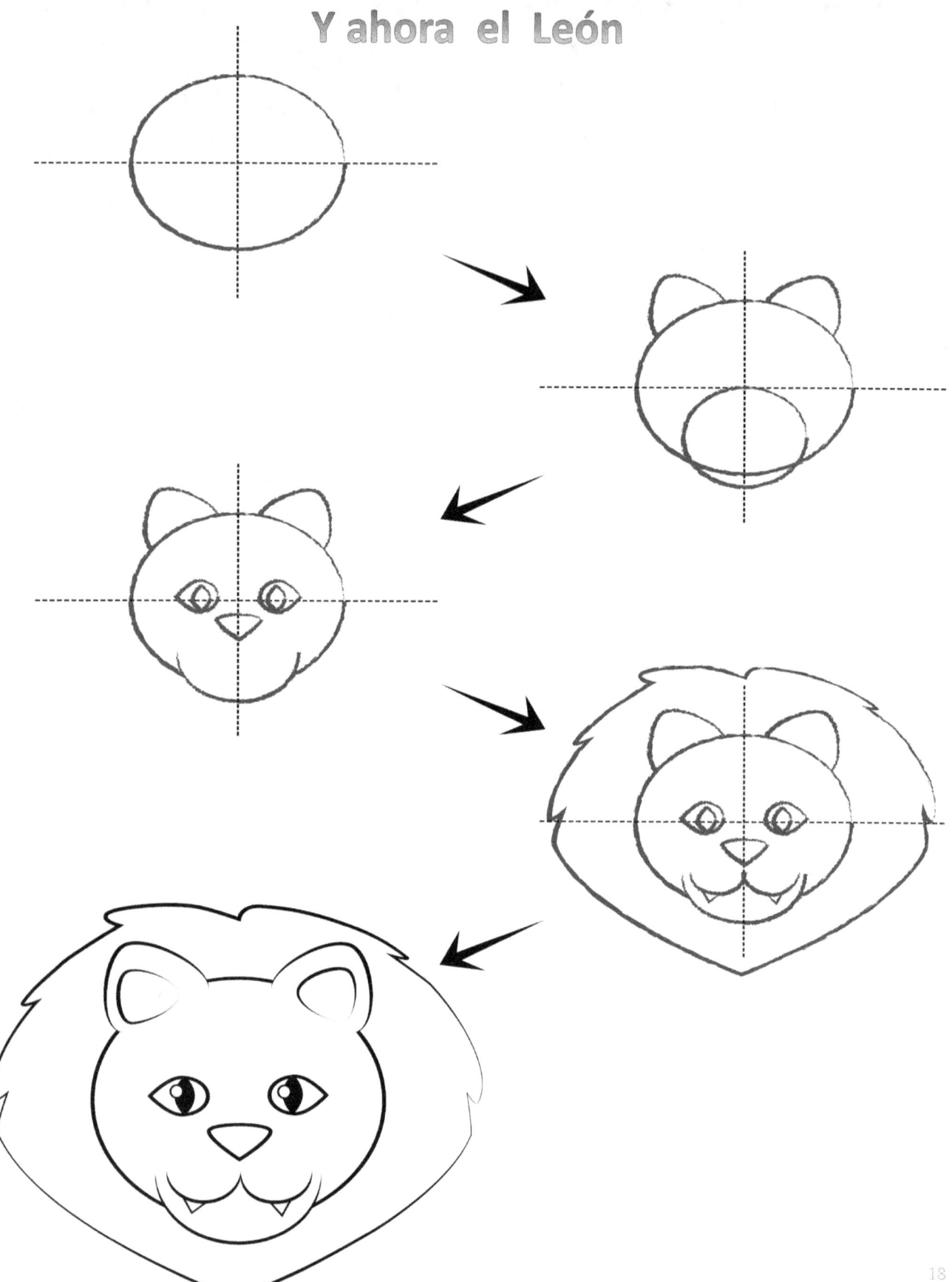

Ahora es tu turno

Aquí tenemos un Koala

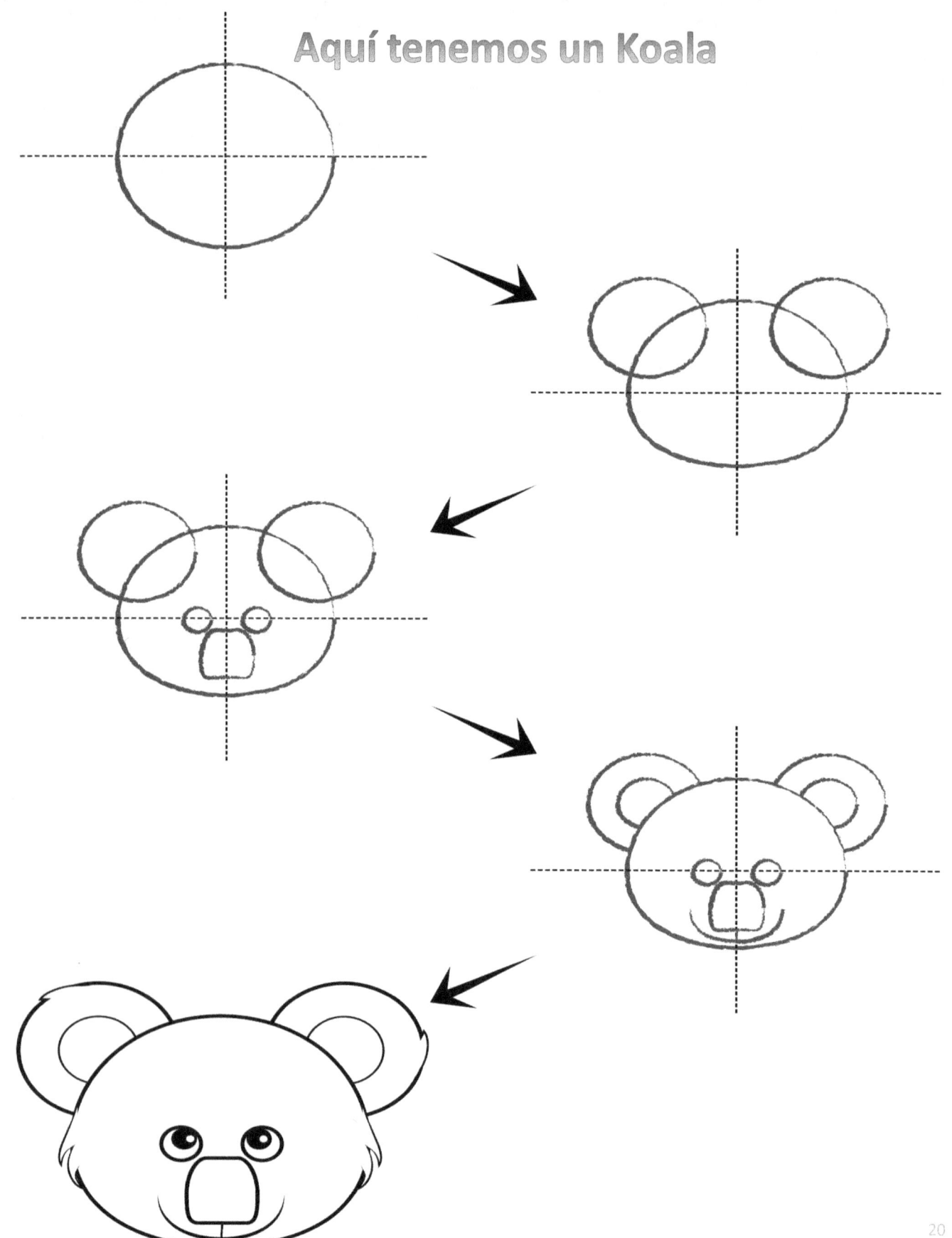

Es tu turno

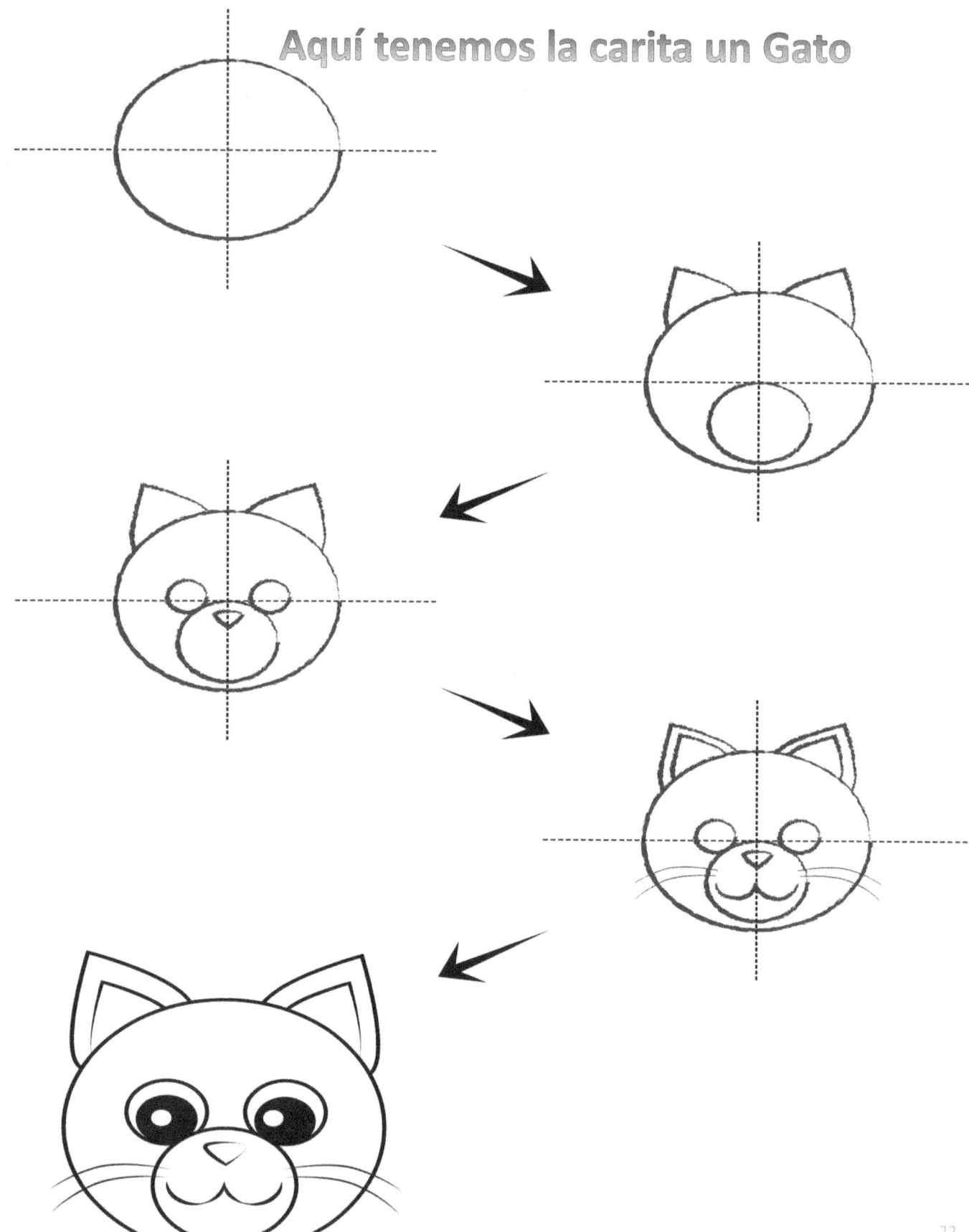

Ahora puede hacerlo tu

NIVEL I

COMO DIBUJAR CARAS Y CUERPOS DE ANIMALES

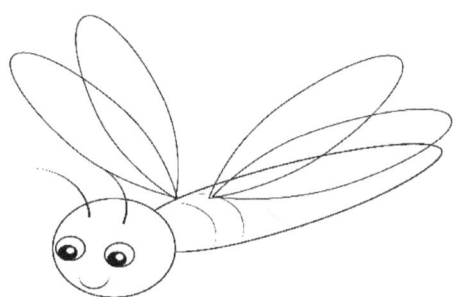

Así se dibuja una mariposa

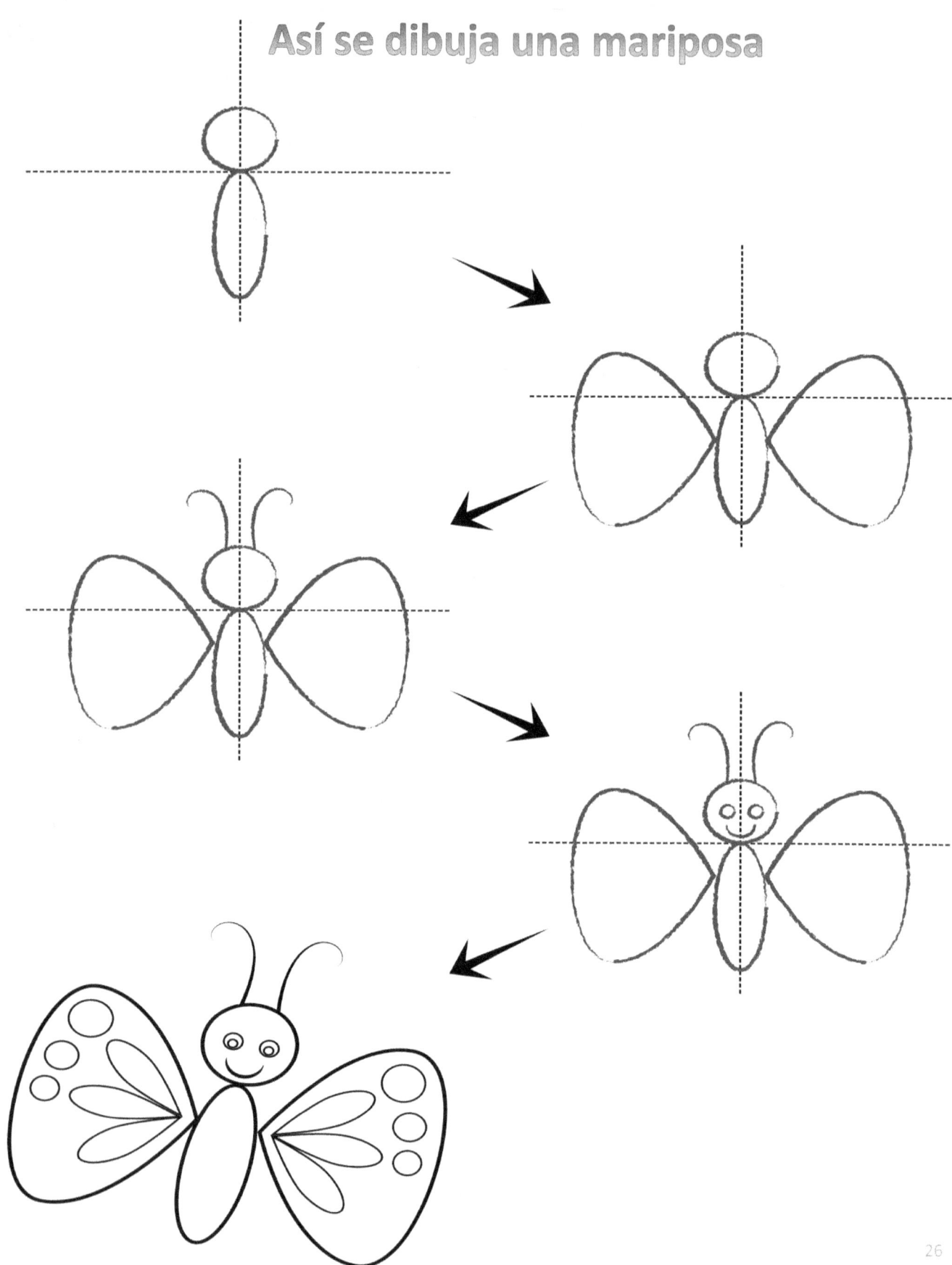

Dibujarle aquí ahora

Una Libélula

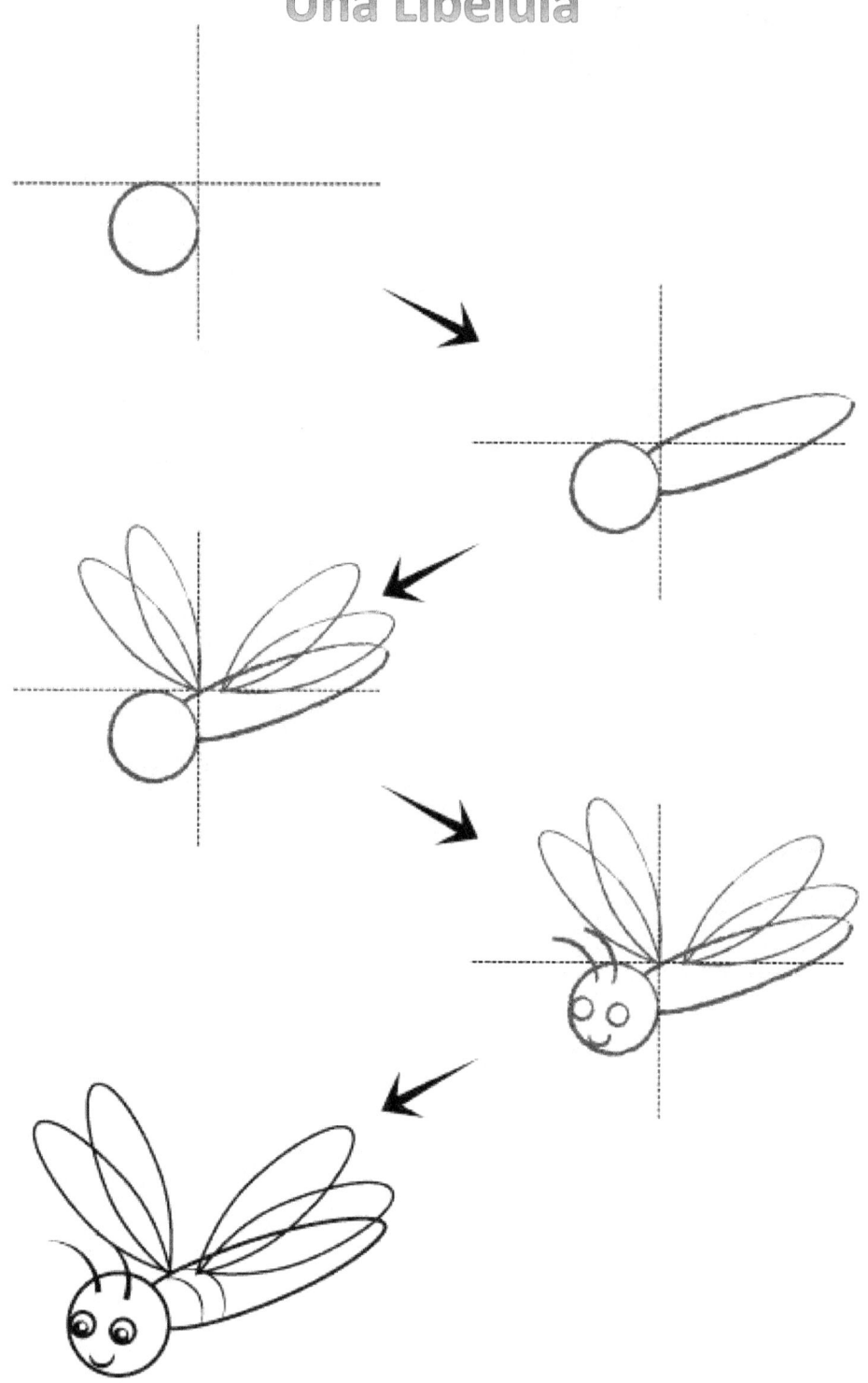

Ahora puedes hacerla tu

Aquí tienes una Tortuga

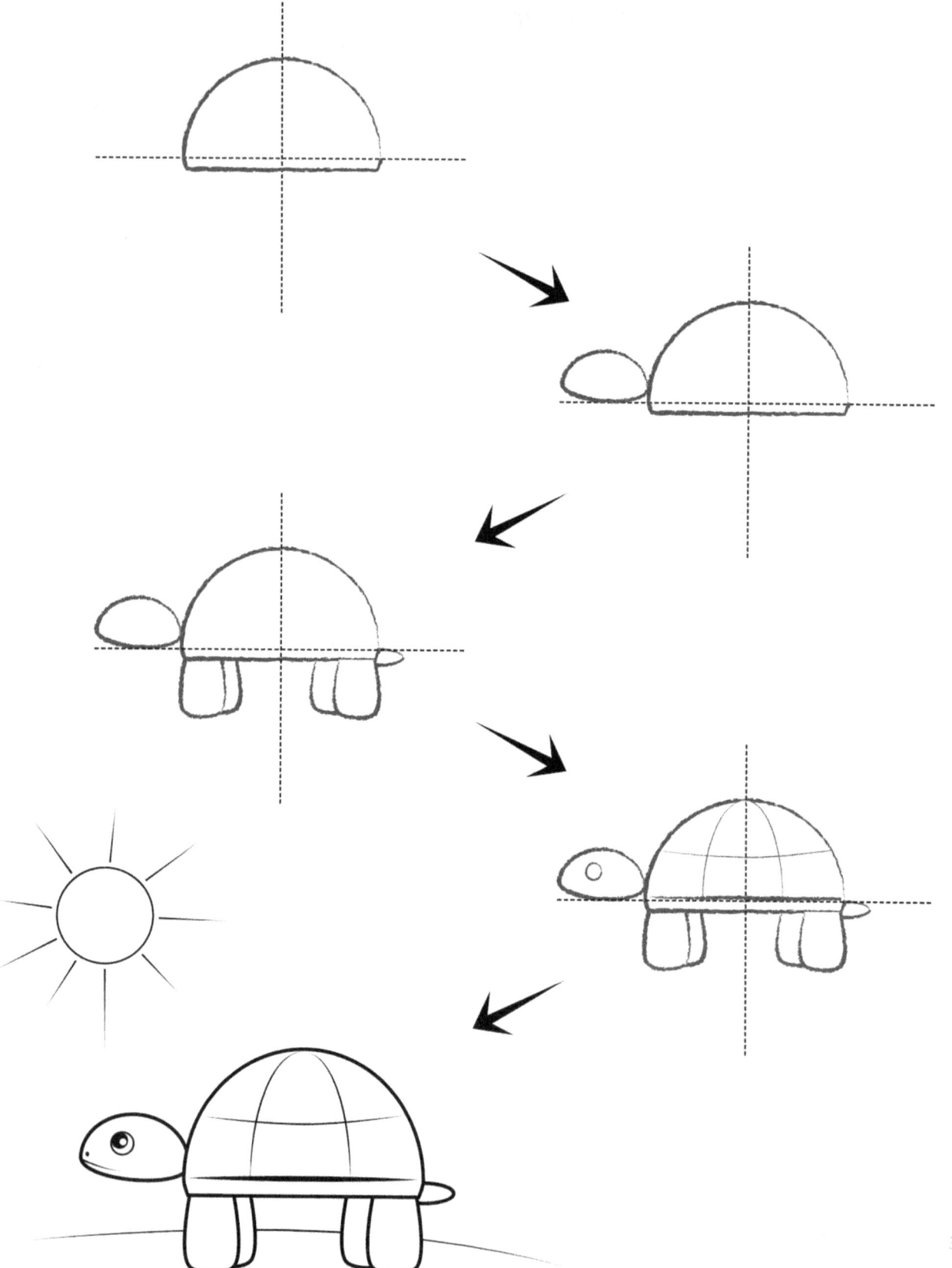

Inténtalo tu ahora

Ahora una Ballena

Es tu turno

Así es el dibujo de un Pollito

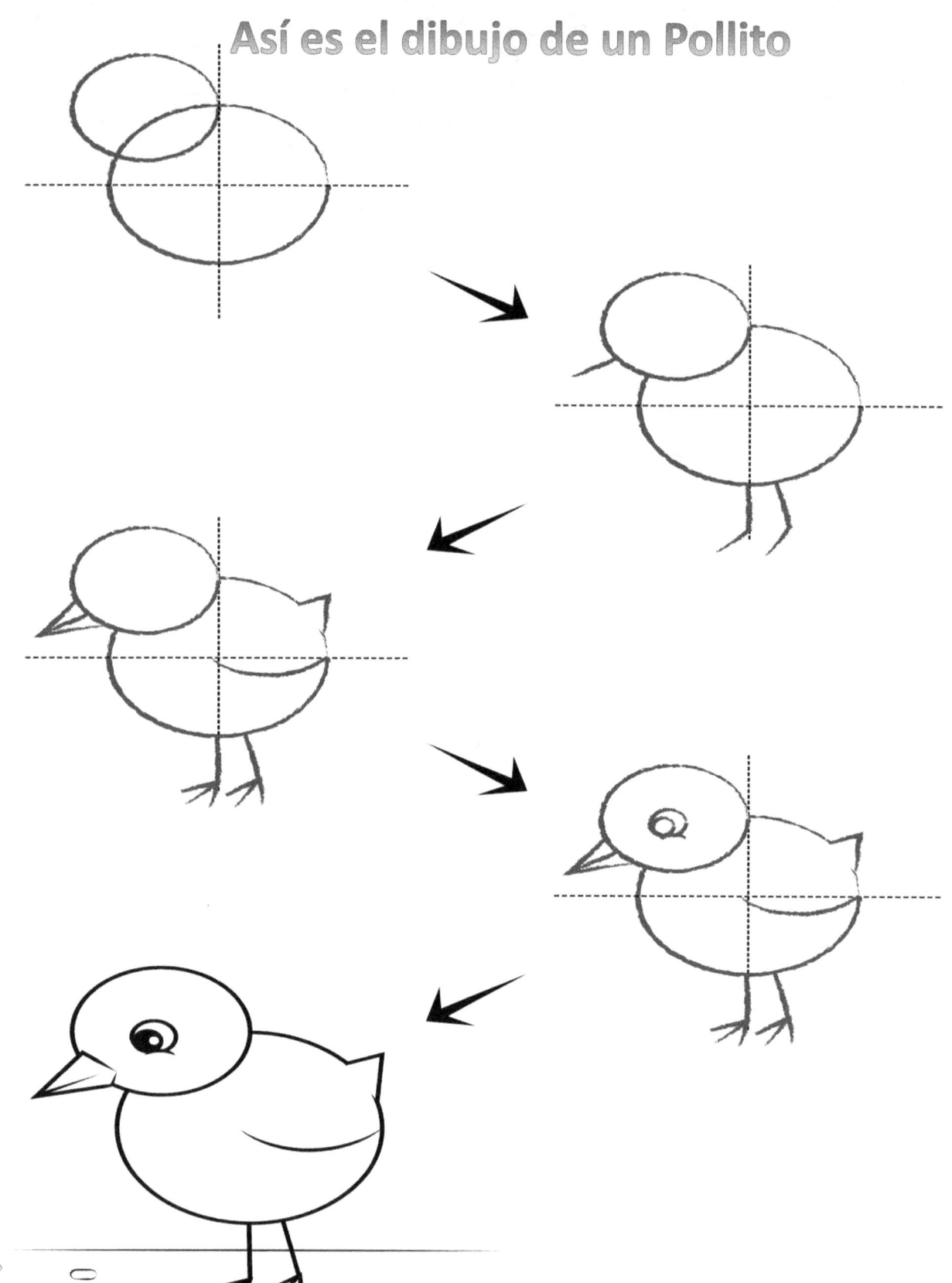

Veamos como lo haces

Un Canguro

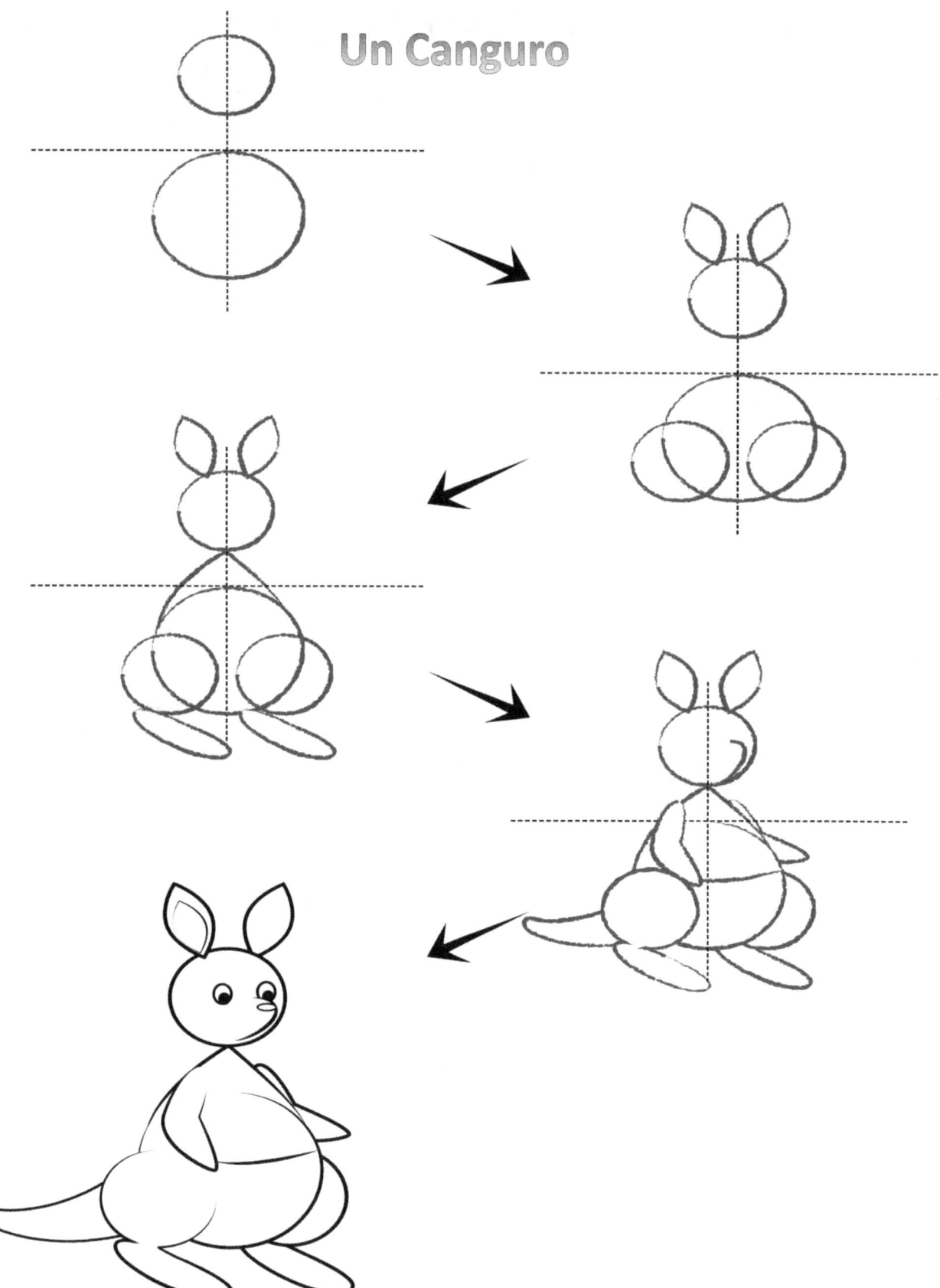

Ahora hazlo tu

NIVEL II

DIBUJA ANIMALES PASO A PASO

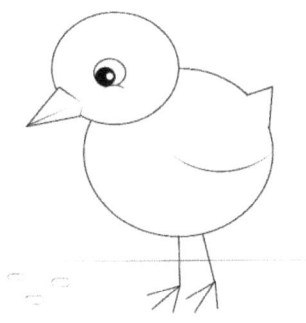

Así se dibuja un Patito

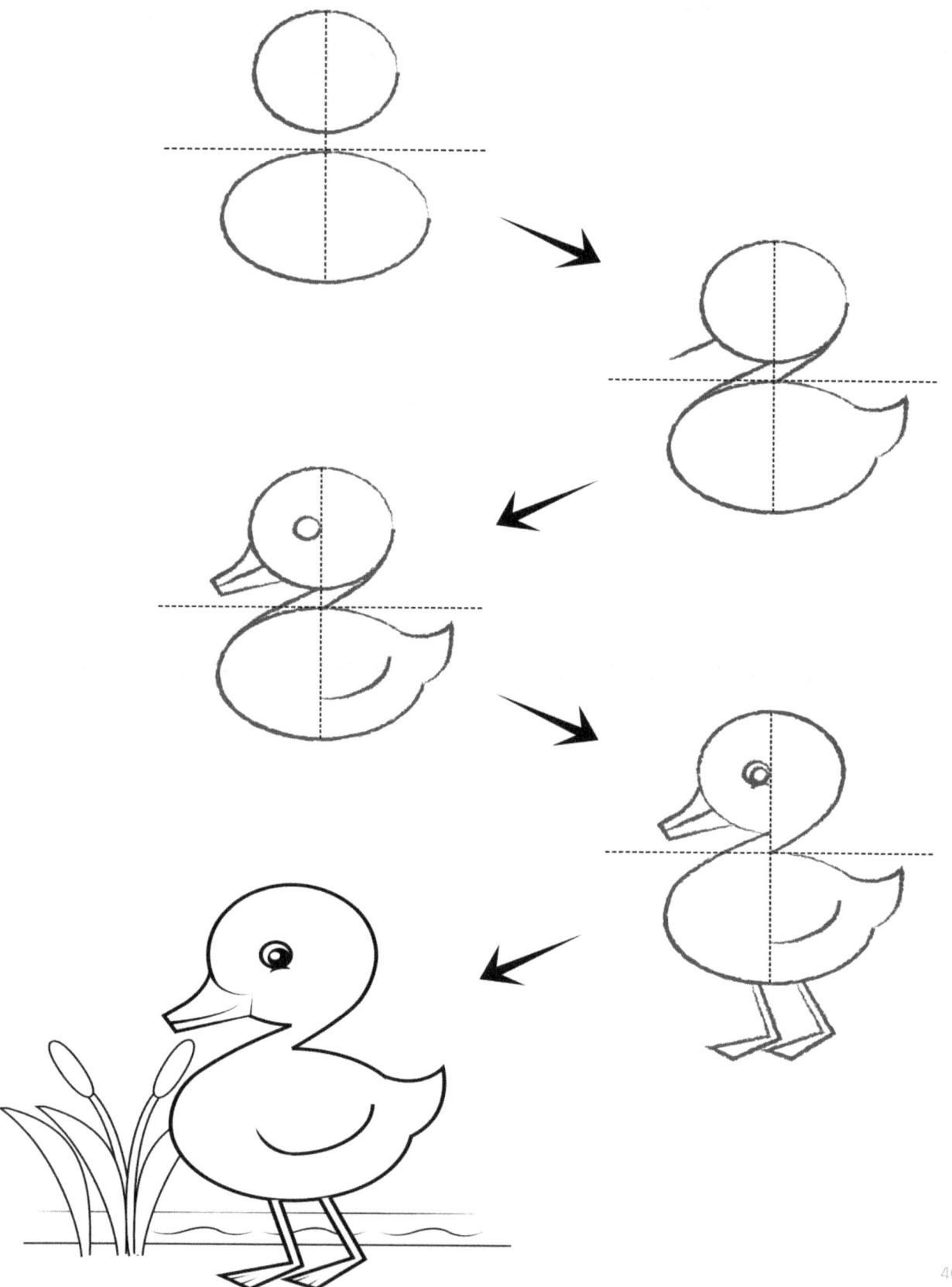

Es tu turno de dibujar

Un Burrito

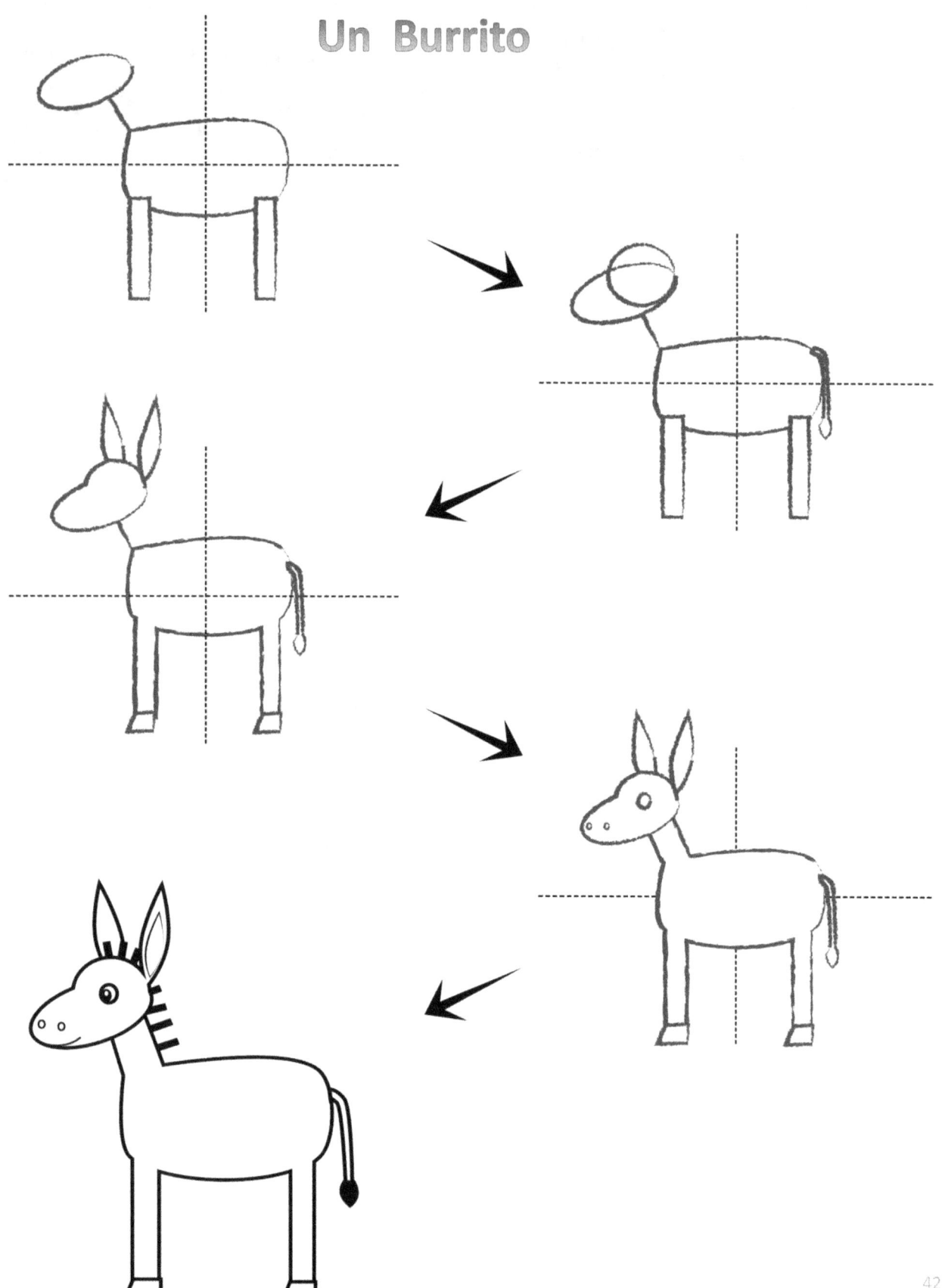

Inténtalo tu Ahora

Mira como dibujar una Gallinita

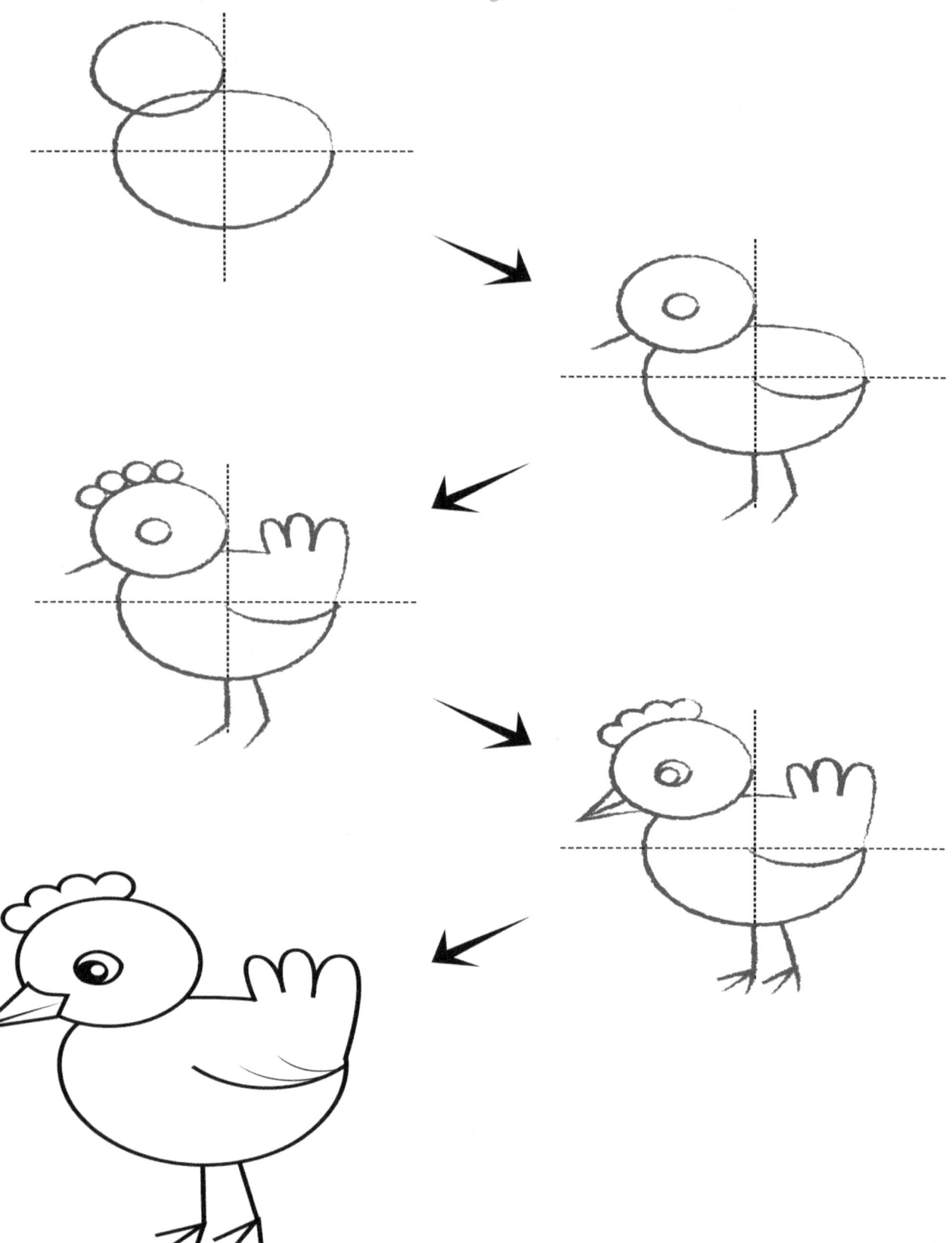

Ahora puedes hacerla tu

Así hacemos una Mariquita

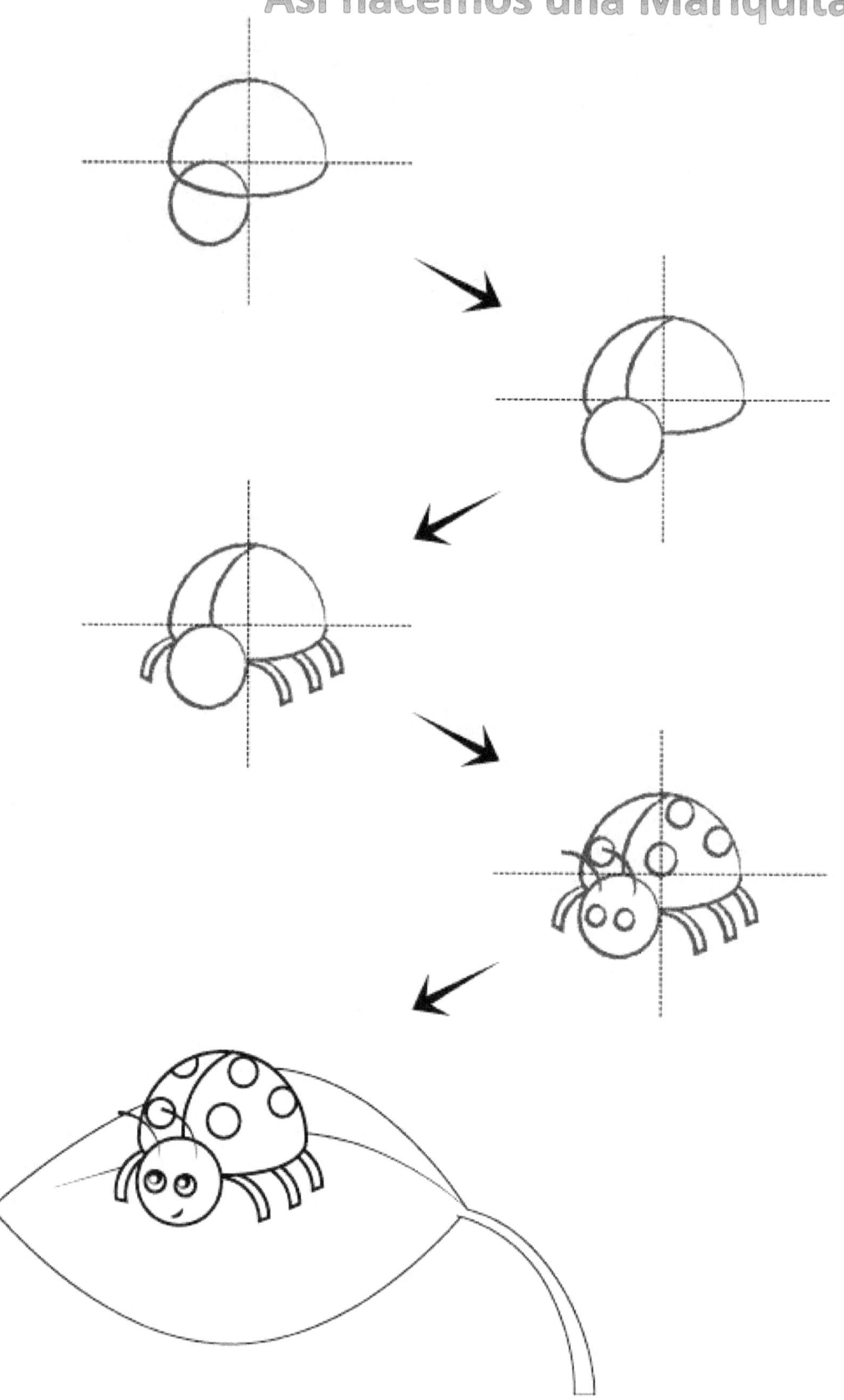

Inténtalo tu ahora

Aquí tienes una Gaviota

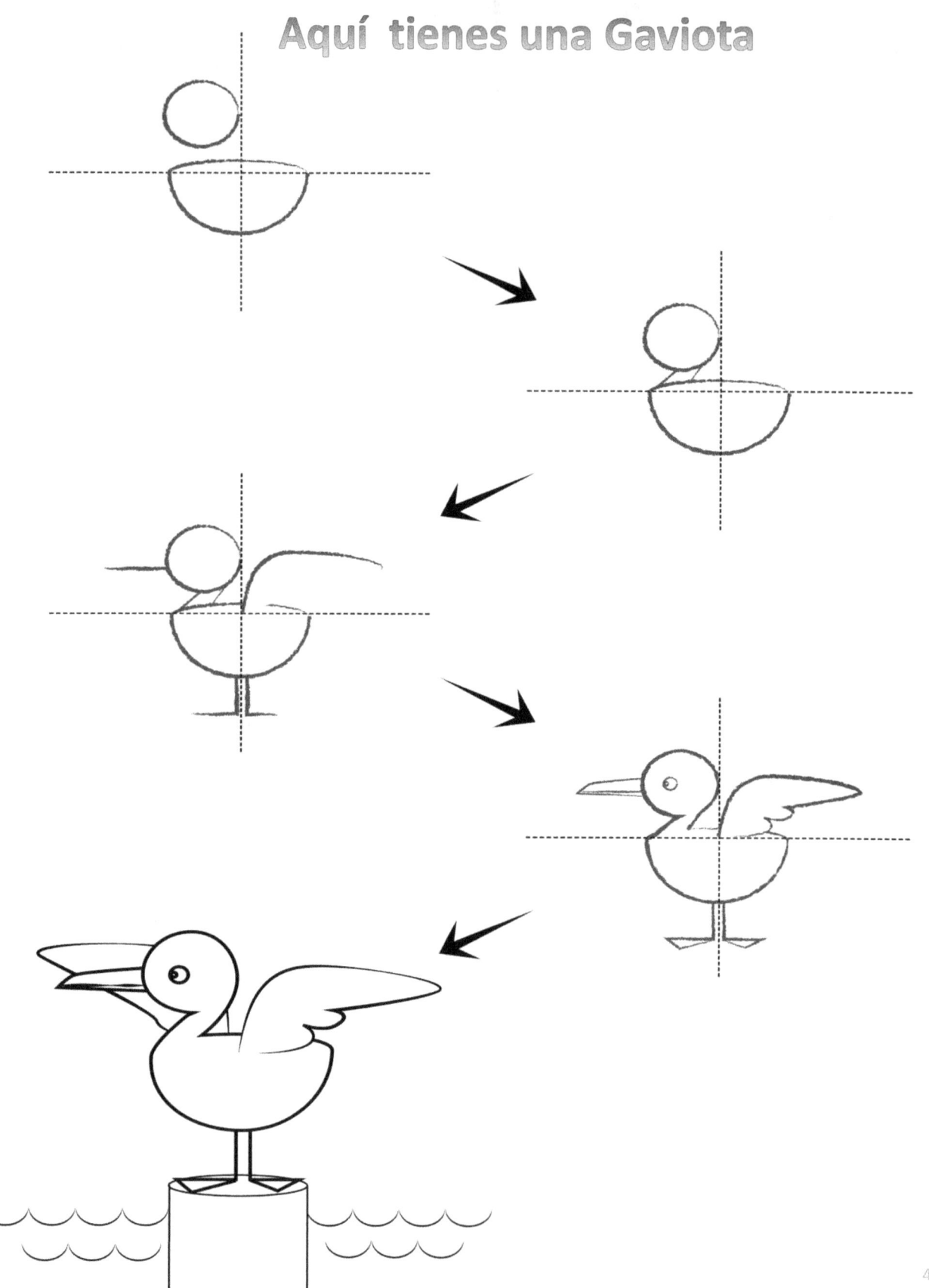

Dibuja tu ahora

Así hacemos un Delfín

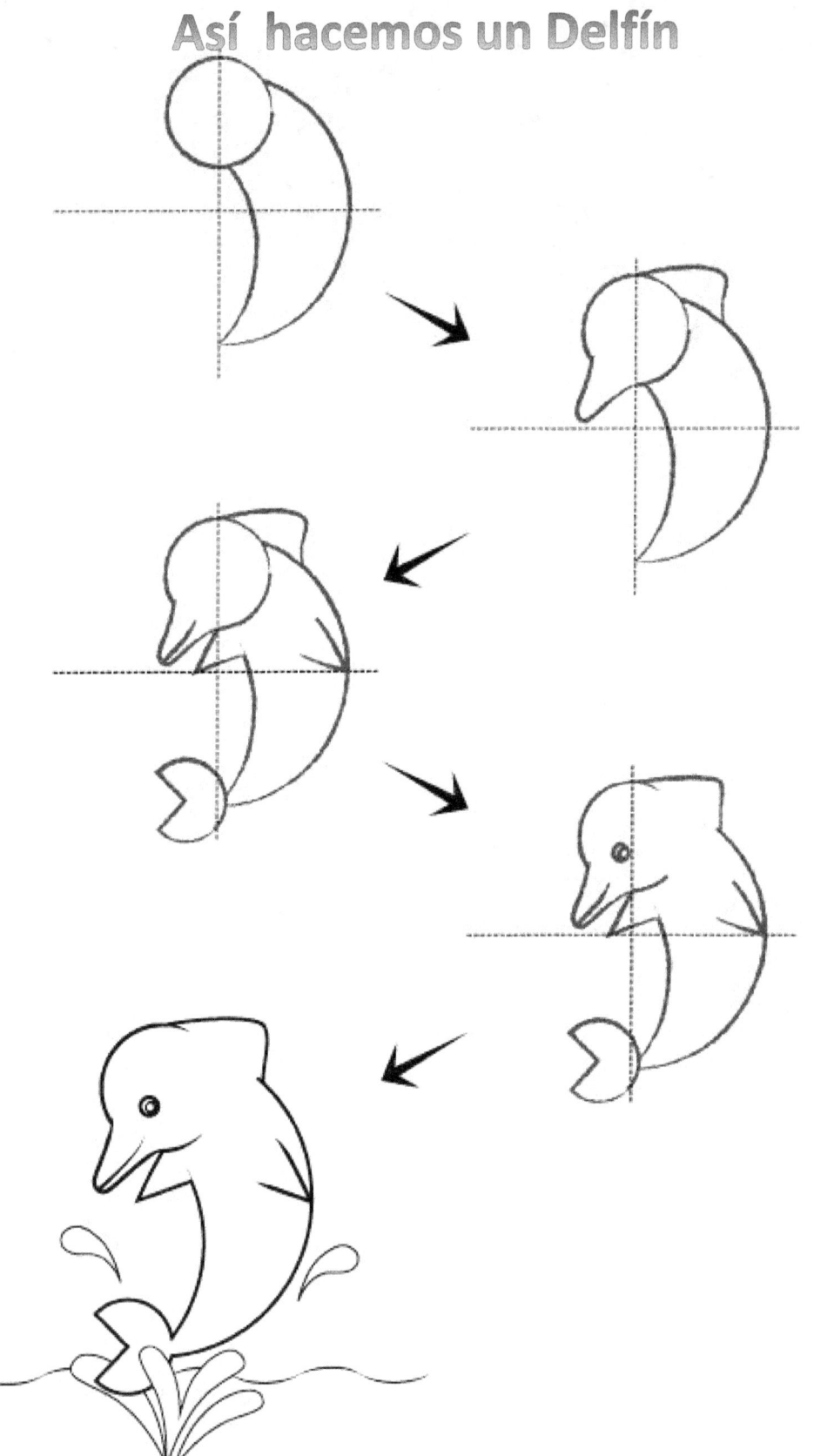

Intenta dibujarlo tu ahora

Aquí tienes una Jirafa

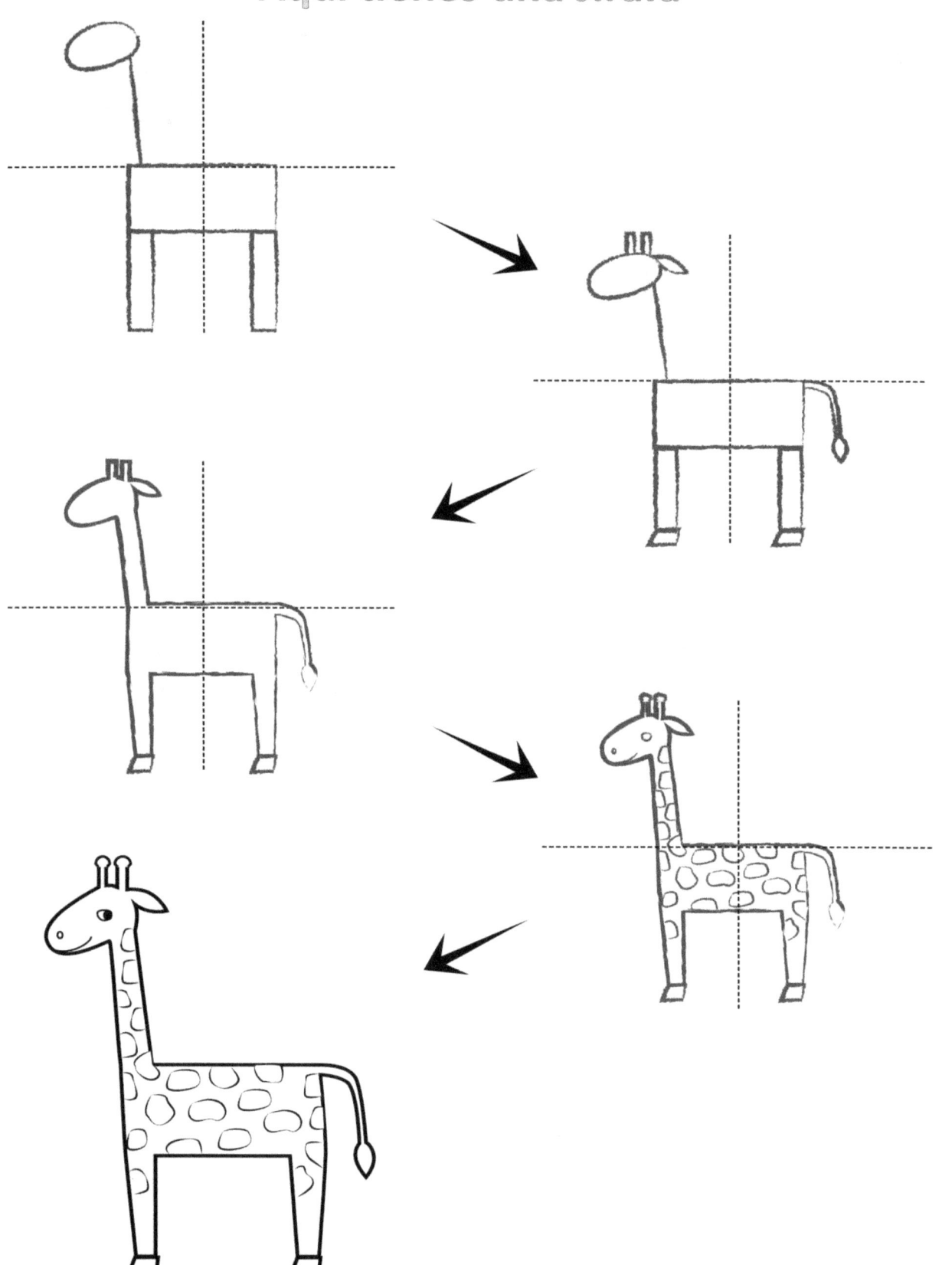

Ahora hazla tu

Así haremos un Camello

Es tu turno de dibujar

NIVEL III

CONTINUA DIBUJANDO, UNOS FÁCILES OTROS NO

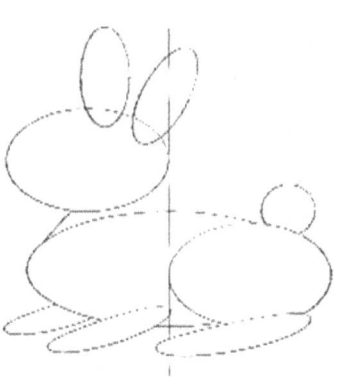

Mira como dibujar una Abeja

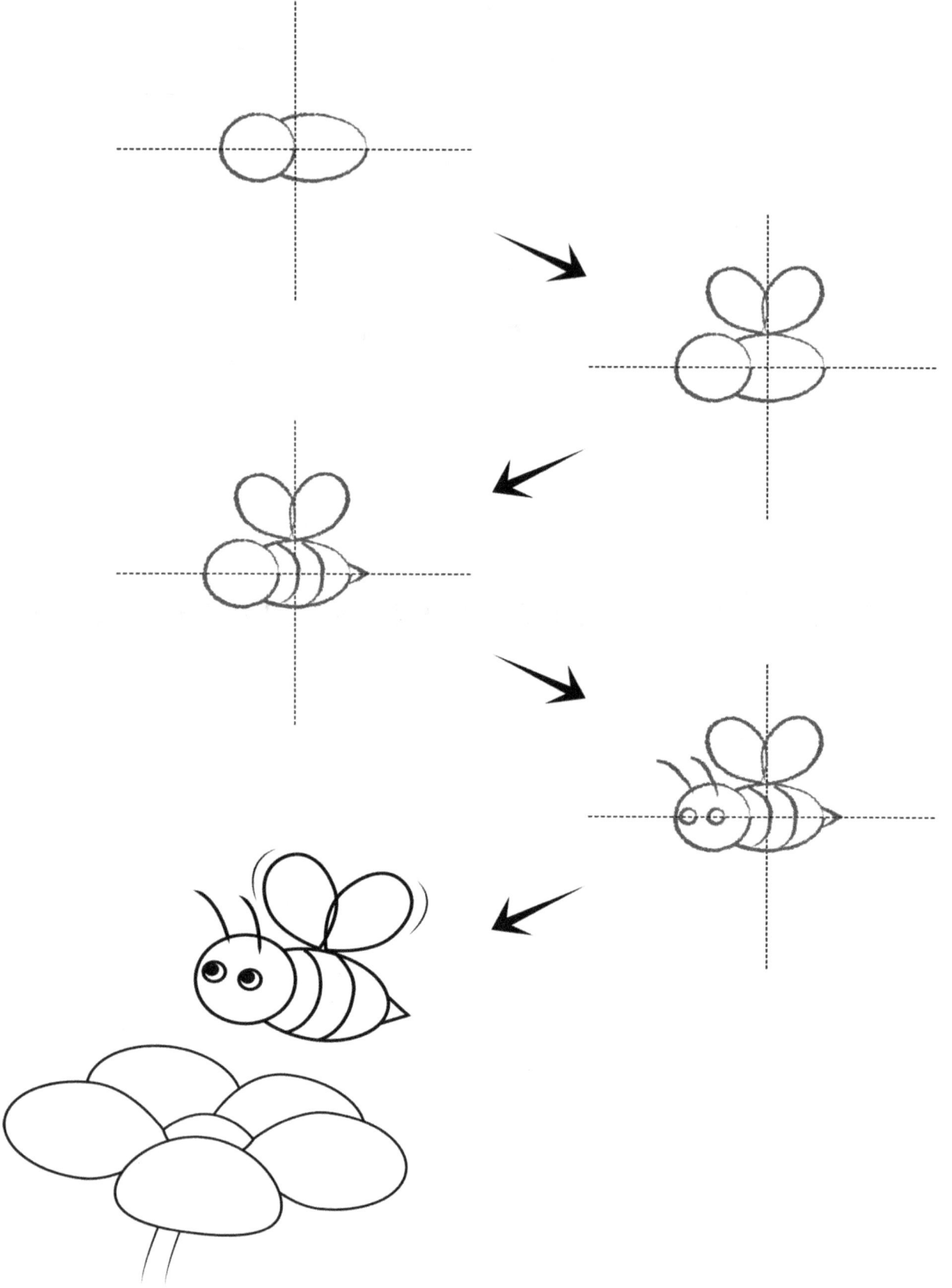

Ahora puedes dibujar tu

Un Caballito de Mar

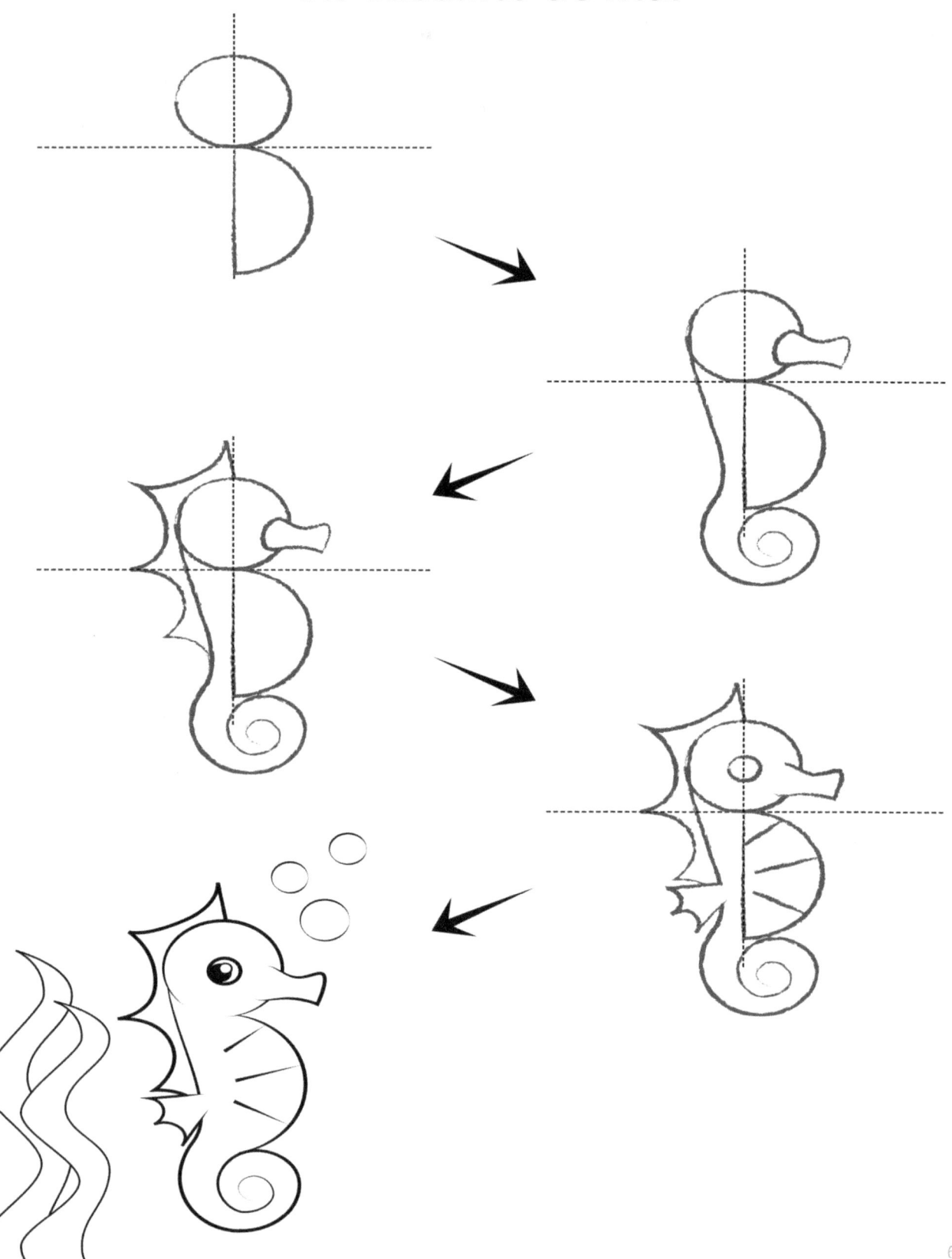

Ahora es tu turno

Un Pájaro Carpintero

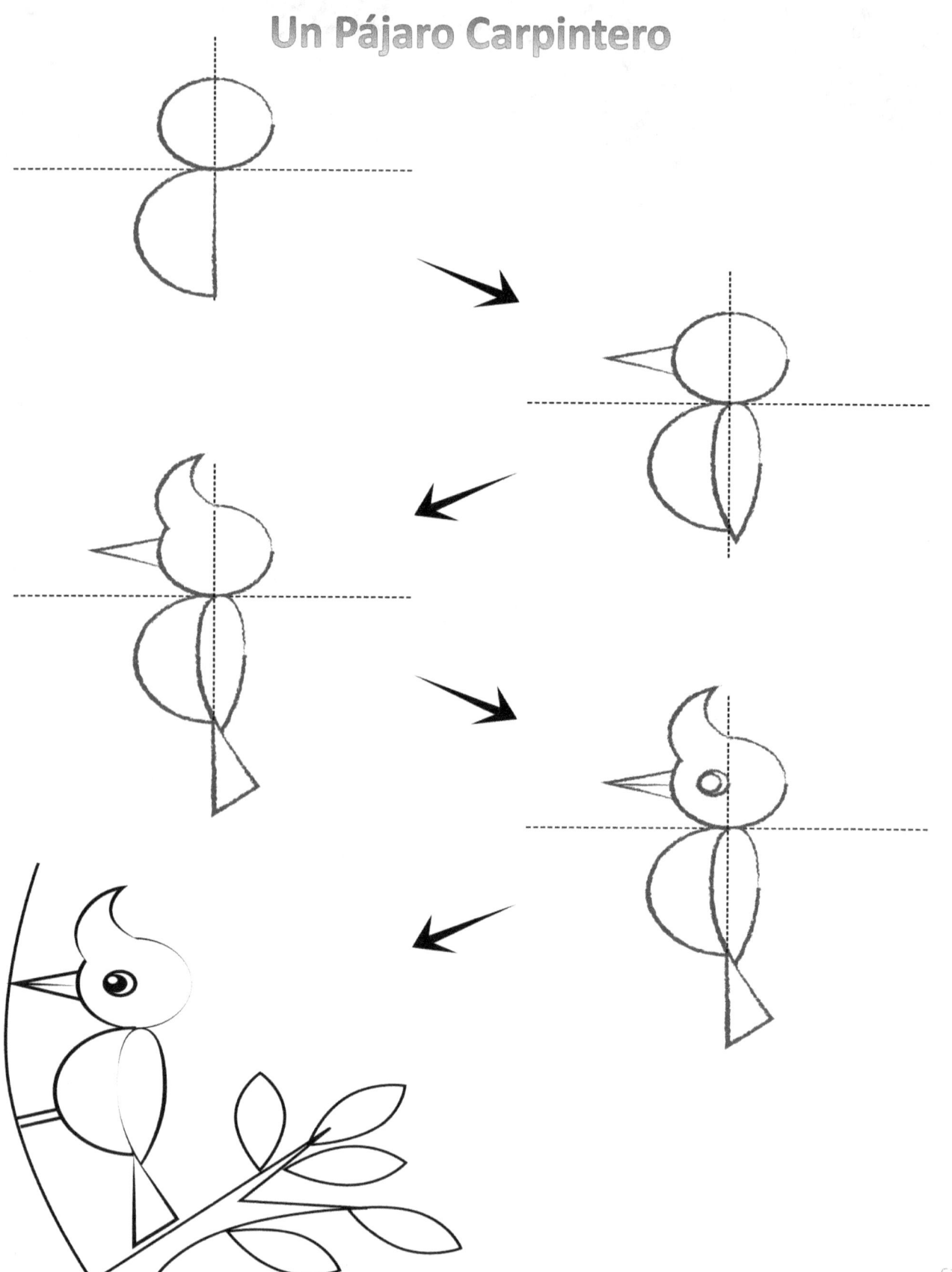

Veamos como lo haces

Ahora dibujamos un Caballo

Es tu turno de dibujar

Así puedes dibujar una Liebre

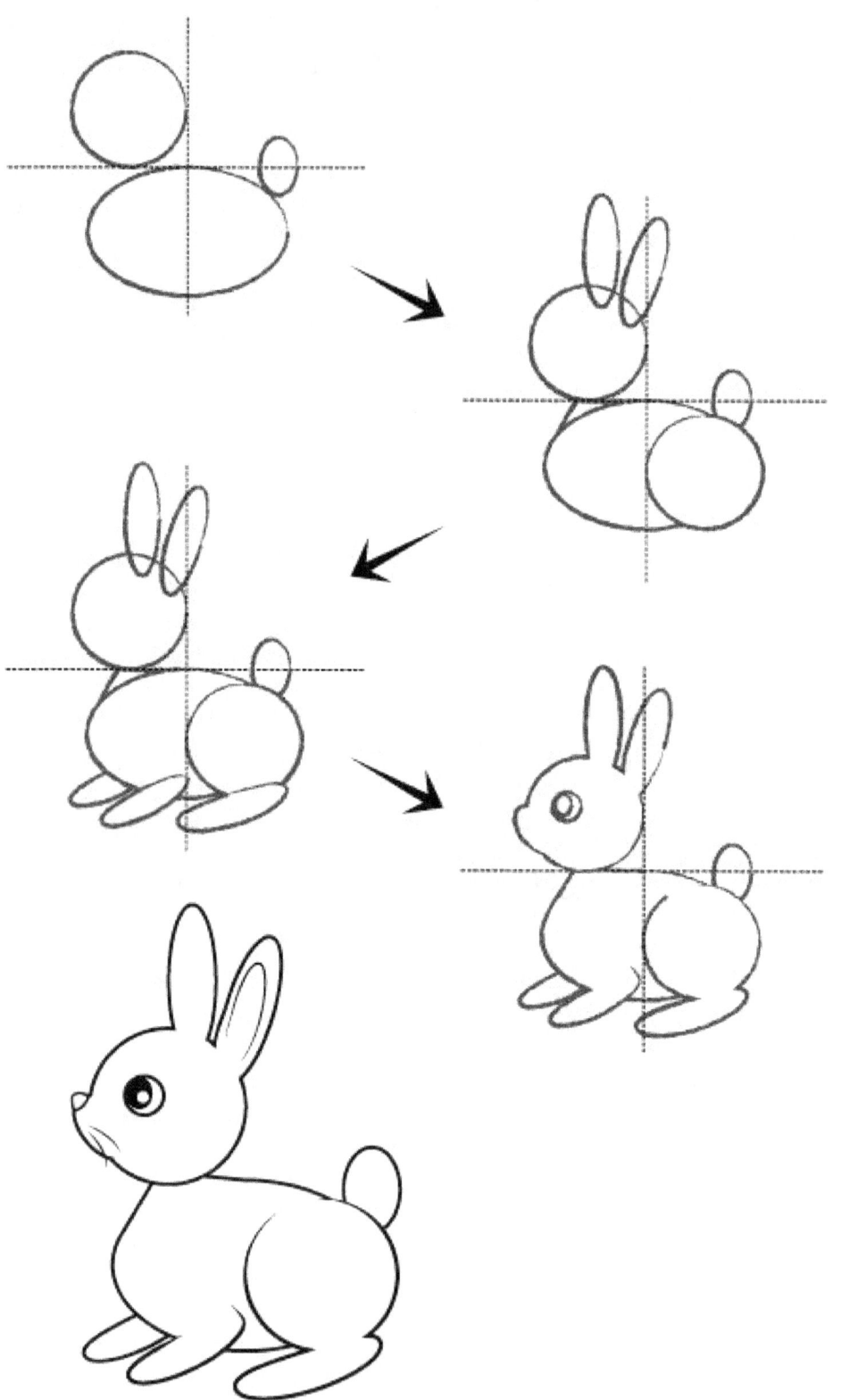

Ahora hazla tu

Un Ganso

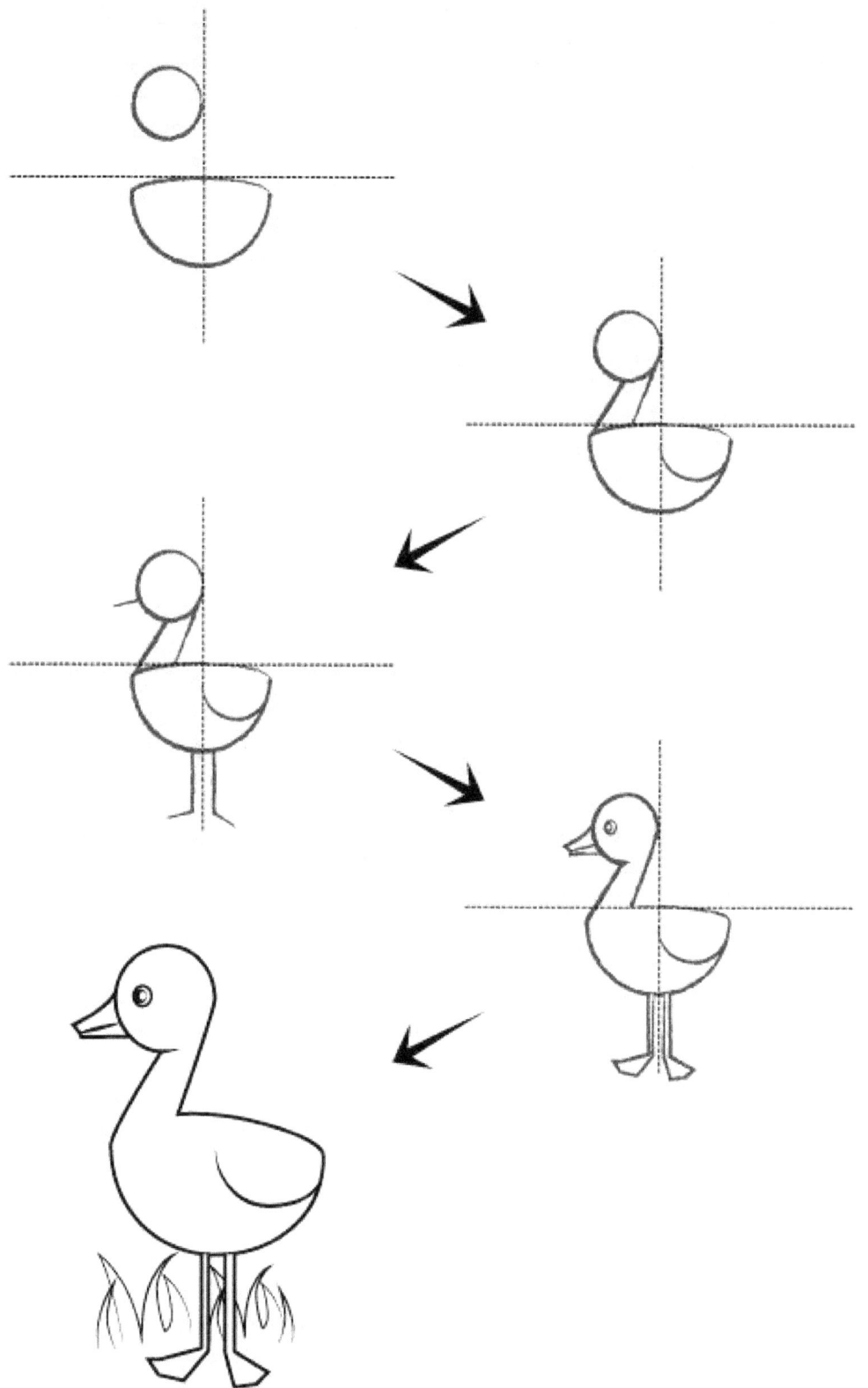

Es tu Turno

Así se dibuja un Gallo

Ahora puedes hacerlo tu

Una oveja en su corral

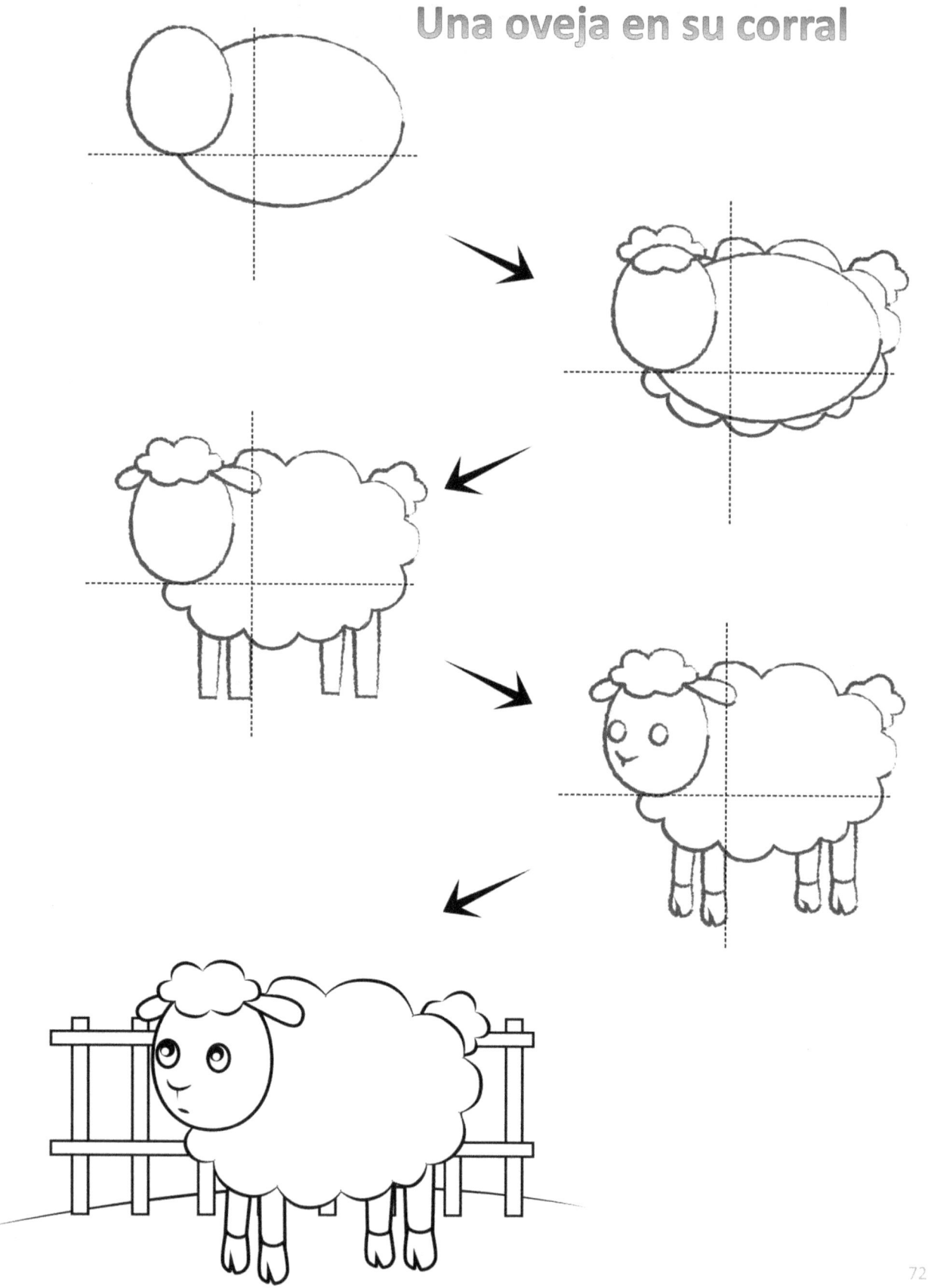

Ahora puedes hacerlo tu

Aquí tienes una Vaquita

Veamos como lo haces tu

Un Búho

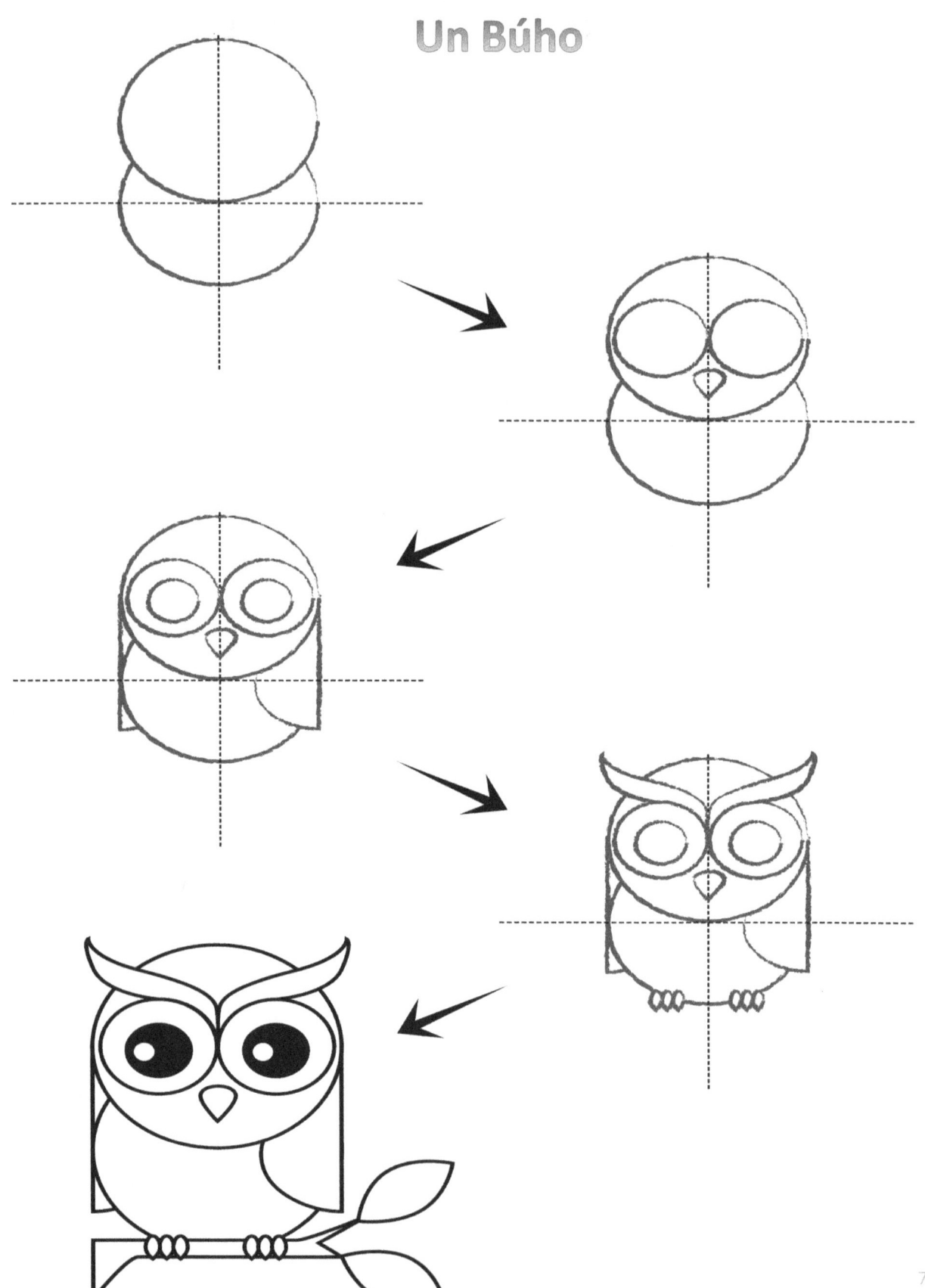

Ahora puedes hacerlo tu

CONCLUSIONES.

Muchas gracias por la compra del libro, si has disfrutado de la experiencia seria de mucho valor para todos los que trabajamos en esta obra que añadieses una reseña positiva del mismo en la tienda de Amazon.

Muy agradecido:

ENEKO MONTES.

www.ingramcontent.com/pod-product-compliance
Lightning Source LLC
Chambersburg PA
CBHW080519220526
45465CB00006B/2527